AF468054

LA FRANCE
AV ROY
SVR LE SVIET DE LA PAIX.

A PARIS,
Chez SEBASTIEN MABRE-CRAMOISY,
Imprimeur du Roy.

M. DC. LXVIII.

LA FRANCE AV ROY

SVR LE SVIET DE LA PAIX.

L'UNIVERS *étonné des Exploits de* LOUIS,
Admiroit en tremblant, ses Progrez inoüis,
Ce Vainqueur faisoit seul, craindre toute la Terre,
Ses plus puissans Voisins apprehendoient la Guerre,
Et sans estre attaquez ne crians que la Paix,
Pour la revoir bien-tost, formoient d'ardans souhaits;
Quand la FRANCE, *craignant que ce Prince invincible,*
A ses plus doux attrais, ne parût insensible,

Connoissant son grand cœur, & tremblant pour ses jours,
Embrassa ses genoux, & luy tint ce discours.
Encor qu'aveque vous, je partage la Gloire,
Que dans tous vos Combats, vous donne la Victoire;
La genereuse Ardeur qui vous porte aux Dangers,
Et fait que les plus grands vous paroissent legers,
Pour vous, à chaque instant, me donnant des Allarmes,
Dans mon plus grand bonheur, je trouve peu de charmes.
Lorsque, pour vos Progrez, je fay, par tout, des feux,
Je tremble, & pour la Paix, je fais au Ciel, des Vœux,
Sçachant trop que, pendant ces glorieuses Festes,
Vostre grande Ame, encor, songe à d'autres Conquestes,
Et que, dans les Combats, jettant par tout l'effroy,
Pour faire le Soldat, vous oubliez le Roy.
Donnez plûtost la Paix; mais vostre Ame intrepide
Semble me reprocher que je suis trop timide,
Je le lis dans vos yeux, & voy qu'un si grand Cœur
Croiroit abandonner le titre de Vainqueur.
Ce Nom si glorieux charme un Roy Magnanime;
Mais la Paix, à son tour, merite qu'on l'estime,
Et l'on a veû toûjours, fleurir de toutes parts,
Dans un Royaume en Paix, le Commerce & les Arts.
L'Abondance toûjours, y cause l'Allegresse,
Et les Jeux & les Ris en chassent la tristesse:
La Paix épargne, enfin, ce sang Victorieux
Qu'on voit, à vos Heros, prodiguer en tous Lieux,

Ces Heros qui, chez-vous, dans vne Paix profonde,
Composent vne Cour la plus belle du Monde.
Si ces justes motifs ne peuvent rien sur Vous,
Et que, pour vous, la Guerre ait des charmes plus dous;
Examinez combien cette Paix éclatante,
Qui, du Monde allarmé, calmera l'Epouvente,
Vous couvrira de Gloire, & combien l'Vnivers
Vous en devra d'Autels & d'Eloges divers.
On sçait vostre Courage, on sçait vostre Puissance,
On sçait, de vos Sujets, le Zele & la Vaillance,
On sçait qu'enfin l'ardeur de marcher sur vos pas,
Leur fait avidement, souhaitter les Combas,
Et que vous estes prest, soit par Mer, soit par Terre,
A poursuivre, avec gloire, une équitable guerre.
Mais quelques beaux succés qui suivent vos grands Cous,
Ils n'ajoûteront rien à ce qu'on croit de Vous.
Tout ce qui peut servir à vostre Renommée,
Ce qui peut l'augmenter, bien mieux que vôtre Armée,
Et ce que d'vn Mortel, on n'oze concevoir,
C'est de vous contenter, grand Roy, de tout pouvoir,
D'arrester, en leur Cours, vos rapides Conquestes,
Et de les dédaigner sur de si foibles Testes.
Se vaincre, quand, par tout, on peut donner la Loy,
Fut toûjours, la Vertu la plus digne d'vn Roy.
Quand de grand Conquerant, on ne perd pas le titre,
Quand de la Paix qu'on fait, on est soy-mesme Arbitre,

Qu'on l'accorde aux Vaincus, seulement, par bonté,
Que, de tout l'Vnivers, on se voit redouté,
Que c'est avec sujet, qu'il conçoit tant d'Allarmes,
Et qu'on n'a point, enfin, encor, mis bas les Armes,
La Paix qu'on fait alors, a de puissans appas
Puisque c'est la donner, & ne l'accepter pas. [*Guerre,*
Vos prompts & grands Explois quand vous faites la
Font, aussi-tost, de peur, armer toute la Terre.
Empeschez-le, Grand PRINCE, *afin qu'à l'Avenir,*
Elle garde de vous, vn charmant souvenir,
Et qu'enfin, desormais, dans toutes les Provinces,
Et vos Sujets & ceux de tous les autres Princes,
Connoissent que le Ciel a mis entre vos mains,
Le pouvoir de régler le Destin des Humains.
Ainsi, vous gagnerez vne Illustre Victoire
Qui doit estre, à jamais, Vnique dans l'Histoire. [*mant,*
Vous vaincrez tous les cœurs ; ce Triomphe est char-
Puisque vous l'obtiendrez par amour, seulement,
Et que vous en devez bien moins craindre la perte,
Que de ce qu'on obtient avec la force ouverte.
Les Muses, aussi-tost, faisant oüir leurs Voix,
Mettront ce grand Triomphe au rang de vos Explois.
Pendant ce Calme heureux, Elles feront connoistre
Combien leur Zele est grand pour vn aussi grand
Elles sçavent déja, ce qu'elles chanteront, [*Maistre.*
A quelles Actions Elles s'arresteront,
Et qu'on vous doit nommer, avec toute la Terre,
LOUIS le Triomphant, Grand en Paix, Grand
en Guerre.

Donnez, donc, promptement, cette agreable Paix,
Aux Vœux de tout le Monde, ainsi qu'à mes souhaits;
Faites ce que de vous, tout l'Univers désire,
Et, dessus tous les cœurs, étendez vostre Empire.
Ainsi parla la France, & selon ses souhaits,
Aux Vœux de l'Univers, LOUIS *donna la Paix,*
Aimant mieux vaincre moins qu'allumer une guerre,
Qui, sans doute, auroit fait armer toute la terre.
Il crût qu'à l'Univers, donner un plein Repos
Estoit une Action digne d'un grand Heros,
C'en est une en effet, & qui n'est pas commune,
On voit des Conquerans, aidez par la Fortune,
Gagner de grands Combats; mais jusques à ce jour,
On n'en avoit point vû vaincre tout par Amour:
Et nul n'a jamais, eu la gloire sans seconde,
De donner, comme luy, la Paix à tout le Monde.
Ainsi ceux qui feront, à l'ombre des Ormeaux,
Dans cette Paix tranquille, ouïr leurs Chalumeaux,
Pourront dire à l'honneur d'un Monarque si juste,
Ce qu'autrefois, Virgile a chanté pour Auguste,
Et faire redire aux Echos,
Un Dieu nous a fait ce Repos.

Deus nobis, hæc otia fecit.

DEVIZE.

www.ingramcontent.com/pod-product-compliance
Ingram Content Group UK Ltd.
Pitfield, Milton Keynes, MK11 3LW, UK
UKHW020553230726
13925UKWH00006B/2581

9 782019 247775